BEI GRIN MACHT SICH IHR
WISSEN BEZAHLT

- Wir veröffentlichen Ihre Hausarbeit,
  Bachelor- und Masterarbeit

- Ihr eigenes eBook und Buch -
  weltweit in allen wichtigen Shops

- Verdienen Sie an jedem Verkauf

Jetzt bei www.GRIN.com hochladen
und kostenlos publizieren

Bibliografische Information der Deutschen Nationalbibliothek:

Die Deutsche Bibliothek verzeichnet diese Publikation in der Deutschen National-
bibliografie; detaillierte bibliografische Daten sind im Internet über http://dnb.d-
nb.de/ abrufbar.

Impressum:

Copyright © 2014 GRIN Verlag, Open Publishing GmbH
Druck und Bindung: Books on Demand GmbH, Norderstedt Germany
ISBN: 9783668468412

Dieses Buch bei GRIN:

http://www.grin.com/de/e-book/367329/analyse-des-romans-die-vermesseung-der-
welt-wird-eine-indirekte-kolonialisierung

Ioanna Delliou

Analyse des Romans "Die Vermesseung der Welt". Wird eine indirekte Kolonialisierung thematisiert?

GRIN Verlag

„Die Vermessung der Welt – Analyse
Geht es um eine indirekte Kolonialisierung?"

Ioanna Delliou

Inhaltsverzeichnis

1. Einleitung 2

2. Daniel Kehlmann: Leben und Werk 2

    2.1   Biografie 2

    2.2   Daniel Kehlmanns Rezeption für „Die Vermessung der Welt" 3

    2.3   Historischer Hintergrund des Romans "Die Vermessung der Welt" 3

    2.4   Sprache und Stil 3

    2.5   Realität und Fiktion 5

3. Personenkonstellation , Charakteristiken und historischer Vergleich der Hauptfiguren 6

    3.1   Charakterisierung und historischer Vergleich Alexanders von Humboldt 6

    3.2   Charakterisierung und historischer Vergleich von Carl Friedrich Gauß 7

4. Eine indirekte Kolonialisierung? 9

    4.1   Warum Vermessen Alexander von Humboldt und Carl Friedrich Gauß? 9

    4.2   Sinn der Kolonialisierung – Geht es um eine indirekte Kolonialisierung? 9

5. Schluss 11

6. Literatur 12

    Primärliteratur 12

    Sekundärliteratur 12

    Internetquellen 12

1. Einleitung

Vom 18. bis dem 20. Jahrhundert ist die Koloniale ein der wichtigsten Problemfelden der deustchen Literatur. Eine Entwicklungsgeschichte des Kolonialen in der deutschen Literatur des 19. Jahrhunderts vorzulegen, wäre trotzdem „Vermessen"[1].

Daniel Kehlmann beschreibt in seinem erfolgreichen Roman mit dem Titel „Die Vermessung der Welt" die Reise der historischen Figur Alexanders von Humboldt, die als Ziel die Vermessung der Welt hat. Ganz literarisch und mit historisch beweisbaren Ereignisse kann man die legenden Figuren von Alexander von Humboldt und ihren Bruder Wilhelm von Humboldt, den berühmten Mathematiker und Astronom Carl Friedrich Gauß und ihren Sohn Eugen Gauß, und noch den Botaniker und Reisebegleiter Humboldts, Aime Bonpland kennenlernen.

Wenn man das Buch liest, steht man mit vielen Problematik gegenüber. Aus persönlicher Erfahrung, hatte ich sofort die Wille die Seele, den Charakter und das Leben der so wichtigen historischen Personen zu verstehen, zu analysieren und gleichzeitig wurde zu mir die Frage geboren, welcher der Sinn des Vermessens sei. Spielte nur die persönlche Motivation Humboldts eine Rolle oder gibt es noch weitere Gründe, warum sie die Welt vermessen? Welchen Ziel hat diese Messung und noch, hat die Vermessung die Kolonialisierung geboren?

Hier folgt einer Versuch all diese Fragen mit meinem Erachten und mit Hilfe von zahlreichen Quellen zu antworten.

2. Daniel Kehlmann: Leben und Werk

2.1 Biografie

Daniel Kehlmann ist am 13.01.1975 in München, als Sohn des Fernseh- und Theaterregisseurs und Schauspielers Michael Kehlmann und der Schauspielerin und Malerin Dagmar Mettler, geboren. Im Jahr 1981 zieht er mit seiner Familie nach Wien um, und dort besucht er das Kalksburg Kollegium. Zwölf Jahre später findet sein Schulabschluss und Beginn seines Studiums der Philosophie und Germanistik an der Universität Wien statt. Nach seinem Studium steht Kehlmann fest, dass das Schreiben „zu den wichtigsten Unterfragen gehört, denn ein Mensch sich in seinem kurzen Leben hingeben kann und dass in dieser gefallenen Welt kaum etwas so viel Hingabe verdient wie die Literatur"[2].

Im Jahr 1997 macht er sein Debüt mit dem Roman „Beerholms Vorstellung", für den er in 1998 den Förderpreis des Kulturkreises beim Bundesverband der Deutschen Industrie erhält. Danach, bekommt Kehlmann ein Stipendium des Literarischen Colloquiums in Berlin. Die Veröffentlichung weiterer Erzählungen, Romane und Essays findet ab 2011 statt. Zusätzlich, wird zu ihm die Arbeitsstelle als Poetikdozent in Mainz im Jahr 2011, in Wiesbaden während 2005-2006 und in Göttingen im Jahr 2006 geboten. In 2003 wird er mit dem Förderpreis des Österreichischen Bundeskanzleramtes dominiert. „Die Vermessung der Welt" erscheint im Jahr 2005. Dieses Werk gilt als sein bisher erfolgreichstes Werk für das er in 2005 den Candide-Preis des Literarischen Vereins Minden dominiert wurde. Zum Kehlmann wird noch die Verleihung des Preises der Konrad- Adenauer-Stiftung und des Kleist-Preises[3] gewidmet. Die Verleihung noch eines Preises, und zwar des WELT- Literaturpreises[4] für die „Vermessung der Welt" passierte im Jahr

---

[1] Vgl. "Ins Fremde schreiben-Gegenwartsliteratur auf den Spuren historischer und fantastischer Entdeckungsreisen" von Friedhelm Marx, S. 167.
[2] Vgl. http://www.news.de/medien/855065828/der-starautor-packts-aus/1/[Stand: 12.6.2012]
[3] Vgl. http://www.welt.de/kultur/article95666/Daniel-Kehlmann-ausgezeichnet.html
[4] Vgl. http://www.welt.de/kultur/article1236923/WELT-Literaturpreis-geht-an-Daniel-Kehlmann.html

2007, während ein Jahr später gewinnt er das Thomas – Mann Preis[5]. In 2009 veröffentlicht er sein Roman mit dem Titel „Ruhm". Im Jahr 2011 erscheint der Stück „Geistes im Princeton" im Schauspielhaus Graz.

2.2 Daniel Kehlmanns Rezeption für „Die Vermessung der Welt"

Der Roman „Die Vermessung der Welt" stand 37 Wochen auf Platz 1 der SPIEGEL- Bestsellerliste. Bis Mitte 2008 wurden allein von der deutschen Ausgabe mehr als 1,4 Millionen Exemplare verkauft. Nicht nur das Publikum, aber auch die Literaturkritik reagierte überwiegend enthusiastisch. Evelyne Polt-Heinzl attestierte Kehlmann, er sei nahe an seinen Figuren dran und wisse „in jedem Moment, was sie denken, fühlen und sagen"[6]. Für Martin Lüdke in der „Frankfurter Rundschau" war der Roman ein „Geniestreich" und nicht nur ein schönes, packendes und spannendes, sondern auch ein großes Buch[7]. Hubert Spiegel unterstrich in der „Frankfurter Allgemeinen Zeitung"(FAZ), dass man mit dem Roman auf so „subtile, intelligente und witzige Weise unterhalten", was niemals in der deutschsprachigen Literatur existierte[8]. Dennoch, gab es auch einige kritische Stimmen. Hubert Winkels schrieb in der Wochenzeitung „DIE ZEIT", dass man Kehlmann Respekt zollen müsse was die Organisation des reichhaltigen Materials anbelangt. Und doch fehle es ihm „an literarischen Mut, an Spiellaune, Erfindungsfreude und Gegenwartsbezug"[9].

Auf die Rolle der Naturwissenschaften gingen fast alle Kritiker ein. In der FAZ fragte Hubert Spiegel: „Welche Opfer verlangt die Wissenschaft? Warum ist so vielen Genies jedes menschliche Mitgefühl fremd? Was treibt den Forscher wirklich an? Warum sind so viele Söhne genialer Männer die Opfer ihrer Väter? Wo eigentlich liegt der Punkt, an dem das hehre Projekt der Aufklärung in die Entzauberung der Welt umkippte und ihre Bewohner ins Joch von Fortschritt und instrumenteller Vernunft gezwungen wurden?"[10]

Im Gespräch mit der FAZ machte Daniel Kehlmann darauf aufmerksam, dass sein Roman gerade auch bei vielen naturwissenschaftlich gebildeten Menschen Anklang finde, und überhaupt von vielen Menschen gelesen werde, die sich sonst nicht für Gegewartsliteratur interessierten. Für den Autor sei ein „Grundirrtum der Medienwelt unserer Tage, das es für Dinge mit Niveau und Anspruch keine Leser gebe"[11].

Viel Anerkennung erfuhr Kehlmanns Roman auch in anderen Ländern und Sprachräumen („Die Vermessung der Welt" ist in über 20 Sprachen übersetzt). Im Jahr 2012 kam eine Verfilmung des Romans in die Kinos bei dem Regisseur Detlev Buck.

2.3 Historischer Hintergrund des Romans "Die Vermessung der Welt"

Kehlmanns Roman spielt vor dem Hintergrund der Weimarer Klassik und der späten Aufklärung nach der amerikanischen Unabhängigkeitserklärung (1776) und der Französischen Revolution (1789), aber auch vor dem Hintergrund der napoleonischen Kriege nach 1800 und der anschließenden Restauration. Die Zeit ist von den Leitideen der Harmonie und der Humanität und der Vernunft als Richtschnur von Denken und Handeln. Während diese Periode wurde auch starke Kritik an der Gesellschaftordnung und an dem religiösen Einfluss geübt. Kehlmanns Roman folgt den historischen Lebensstationen seiner Protagonisten, erfindet jedoch auch frei und ist als ein literarisches Spiel zwischen Dichtung und Realität anzusehen.

2.4 Sprache und Stil

Kennzeichnend für Kehlmanns Roman sind die Verständlichkeit seiner Sprache durch einfachen Satzbau, die Aussagen der Personen in der indirekten Rede, die Verwendung des epischen Präteritums und der ironisch-komische Grundton seines Romans durch die Verwendung unterschiedlicher Motiven und Symbolen.

---

[5] Vgl. http://www.stadtbibliothek-springe.de/2008/10/19/daniel-kehlmann-mit-thomas-mann-preis-geehrt/
[6] Zitiert nach: Zeyringer, Klaus: Vermessen. Zur deustchsprachigen Rezeption der „Vermessung der Welt". In: Gunther Nickl (Hrsg.): Daniel Kehlmanns „Die Vermessung der Welt", S. 79.
[7] Vgl. edb. , S.80.
[8] Zitiert nach: edb.
[9] Zitiert nach: edb. , S. 81.
[10] Zitiert nach: edb. , S. 85.
[11] Zitiert nach: edb. , S. 86

Bei der Verwendung von Dialogen, die zwar in direkter Rede geschrieben sind, sind die Anführungszeichen bewusst weggelassen. Zum Beispiel: „Dann eben links, sagte Humboldt. / Wieso links, fragte Bonpland. / Also rechts, sagte Humboldt. /Aber warum rechts?" (S. 73). Kehlmann spielt mit der ineinander übergehenden Verwendung von direkter und der viel häufiger indirekten Rede im Konjuktiv. Der Erzähler scheint direkt in die Handlung involviert zu sein. „Der Diplomat tat es mit einer Verneigung. Er sei übrigens auch Forscher! / Neugierig beugte Gauß sich vor. / Er untersuchte alte Sprachen. (...)" (S. 159)

Kennzeichend für Kehlmanns Sprache ist auch, dass episches Präteritum verwendet wird, das dem Roman seinen fiktionalen Charakter verleiht. „Bonpland setzte einen Fuß vor den anderen. Scheinbar stundenlang hörte er den Schnee knirschen und wusste, dass zwischen ihm und dem Abgrund nur Wasserkristalle waren. Bis zum Ende seines Lebens, mittellos und gefangen in der Einsamkeit Paraguays, konnte er sich die Bilder bis ins Kleinste zurückrufen (...)." (S. 174)

Der Grundton des Buches ist oft komisch-ironisch und löst beim Leser Heiterkeit aus. Dies lässt schon der Romananfang erkennen: „Im September 1828 verließ der größte Mathematiker des Landes zum ersten Mal seit Jahren seine Heimatstadt, um am Deutschen Naturforscherkongress in Berlin teilzunehmen. Selbstverständlich wollte er nicht dorthin." (S. 7)

Kehlmann benutzt zusätzlich viele Motive und Symbole. Die mehr schwerwiegende von denen sind die folgende und zwar:

Humboldt ist Symbol der Weimarer Klassik. Dass der Vermessung der Welt eine kritische Auseinandersetzung mit der Weimarer Klassik eingeschrieben ist, hat Daniel Kehlmann selbst mehrfach betont: „Humboldt vertritt das Weltbild der Klassik, aber eben ohne jenes durchheiternde spielerische Element der Befreiung durch Kunst, um dessentwillen man ihr dann doch die Striktheit und Humorlosigkeit gerne verzeiht "[12].

Ziel der Weimarer Klassik (1786-1832) war die Humanität, das Schöne, das Gute und das Wahre. Der Mensch sollte ein Ideal zustreben. Man müsste „Harmonie" und „Totalität" besitzen und zwar alle menschlichen Kräfte und Fertigkeiten sollten ausgebildet werden. Gefühl und Verstand, künstlerisches Empfinden und wissenschaftliches Denken, theoretisches Erfassen und praktische Umsetzung sollten eine Harmonie bilden. Die Figur von Alexander von Humboldt vereinbart nicht nur im Kehlmanns Roman, sondern auch in der Wirklichkeit beide Ideale der Weimarer Klassik. Beide Bruder, Alexander und Wilhelm, haben eine spezielle Bildung, die sowohl den Geist als auch das Herz wertvolle Unterrichte und Reize bietet. „In Henriettes Salon trafen sich einmal in der Woche gebildete Leute, sprachen über Gott und ihre Gefühle, weinten ein wenig, schrieben einander Briefe und nannten sich selbst die Tugendbünder. (...) Es diene die Herzensbildung" (S.23).

Wissenschaftliches, theoretisches Erfassen und praktische Umsetzung sind auch etwas, mit dem Alexander und Wilhelm in Kontakt gekommen sind. „In Physik und Philosophie unterrichtete sie Marcus Herz, (...). Wann immer einen die Dinge erschreckten, sei es eine gute Idee, sie zu messen" (S. 22). Der fiktive Alexander hat trotzdem, einen Unterschied mit dem realen. Im Buch Kehlmanns erscheint Humboldt nur an einer Stelle als jemand, der Ruhm von Toleranz bevorzugt.

Bei der Besteigung des Chimborazos geraten Humboldt und Bonpland in Lebensgefahr. Unter äußerster Anstrengung führt Humboldt seine Messungen durch, „18.690 Fuß hoch sind sie gestiegen" (176 ff.) – so hoch ist noch nie jemand vorgedrungen. Bonpland will noch auf den Gipfel, was Humboldt für unmöglich erklärt. Bonpland weiß sich zu helfen. „Man könnte ja einfach sagen, man wäre oben gewesen" (177/30 f.) Humboldt lehnt das ab, gesteht jedoch, dass „niemand das kontrollieren könnte" (178/4 f.). Das werde

---

[12] Zitiert nach: Friedhelm Marx "Ins Fremde-Gegenwartsliteratur auf den Spuren historischer und fantastischer Entdeckungsreisen" S. 106: Daniel Kehlmann, diese sehr ernsten Scherze. Poetikvorlesungen, Göttingen 2007, S.40. Zum spielerischen Element des Romans vgl. Stephanie Catani, Formen und Funktionen des Witzes, der Satire und der Ironie in „Die Vermessung der Welt", in: Daniel Kehlmanns „Die Vermessung de Welt". Materialien, Dokumente, Interpretationen" S.198-215.

bleiben, was auch immer in ihrem Leben noch geschehe." (179/18-20). Bei dem historischen Figur Alexanders ist aber diese „Entgleisung" nicht stattgefunden[13].

Der Vergänglichkeit des Lebens setzt Kehlmann in seinem Roman den Drachenbaum auf Teneriffa entgegen, den Humboldt als „ riesenhaft und wohl Jahrtausende alt " bezeichnet: „ Er war dagewesen vor Christus und Buddha, Platon und Tamerlan." (beide S. 47). Er symbolisiert die Ewigkeit. Er stellt weiter fest: „ Alles starb, alle Menschen, alle Tiere, immerzu. Nur einer nicht ." (edb.)

Das Buch beschäftigt sich an vielen Stellen mit Alter und Tod Motiv, dem auch die beiden genialen Wissenschaftler nicht entfliehen können. Der Tod macht keinen Unterschied zwischen den Menschen.

Gauß erfährt dies bereits in jungen Jahren am Beispiel seiner Mutter, denn ihm fällt schon früh auf, dass sie altert: „Ihre Haut verlor an Spannung, ihr Körper seine Form, ihre Augen hatten immer weniger Glanz, und jedes Jahr waren auf ihrem Gesicht neue Falten. (...)" (S. 54). Auch in seinem weiteren Leben wird sich Gauß der eigenen Vergänglichkeit immer wieder bewusst.

„Schuld am Tod sind die „Naturgesetze", die Gauß als die „wahren Tyrannen " bezeichnet (alle S. 219f.) Später, setzt er auf einen Erkenntnisgewinn im Tod: „Der Tod würde kommen als eine Erkenntnis von Unwirklichkeit. Dann würde er begreifen, was Raum und Zeit waren, was die Natur einer Linie, was das Wesen der Zahl." (S. 282)

Auch Humboldt empfindet das allmähliche Altern als Last, wenn er bemerkt: „ Es sei das Alter.(...) Früher habe er jeden überzeugen können. Habe jede Blockade überwunden und jeden Pass bekommen, den er gewollt habe. Ihm habe niemand widerstanden." (S. 260). Humboldt definiert den Tod als "jene sich über Jahre dehnende Erschlaffung; die Zeit in der ein Mensch noch da ist und zugleich nicht mehr und in der er, ist auch sein Größe lange dahin, noch vorgeben kann, es gäbe ihn." (S.263) Nach seiner Meinung hat die Natur das Sterben „umsichtig" eingerichtet, und der Tod für ihn ein unaufhaltsamer Prozess und Teil des Lebens (vgl. S. 263).

Ebenfalls, sind die Tropen Symbol der Sexualität. Innerhalb der Vermessung der Welt ist es Alexander von Humboldt, der sich „unentwegt der Fremde aussetzt"[14]. Dabei ist das Fremde und Unheimliche für ihn weiblich kodiert: Unter Sauerstoffmangel sieht der ohnmächtige Humboldt „tropische Schlingpflanzen, welche unter seinem Blick zu Frauenkörpern" werden, und „entwickelt sogleich eine Respirationsmaschine, die derartige Haluzinationen unterbindet"[15].

2.5 Realität und Fiktion

Die „Vermessung der Welt" befindet sich zwischen Realität und Fiktion. Ein Vergleich mit den Biografien der historischen Personen Gauß uns Humboldt zeigt, dass sich Kehlmann zwar weitgehend an den Lebensstationen der Helden hält, aber auch, dass es gravierende Abweichungen gibt.

Ein Beispiel für die erzählerischen Freiheiten Kehlmanns ,der keinen historischen Roman im Sinne einer möglichst wahrheitsgetreuen Abbildung schaffen wollte, ist die Ignorierung eines Reisebegleiters von Humboldt und Bonpland im Roman: Carlos Montúfar (1780-1816) hatte die beiden ab Januar 1802 begleitet, hatte mit ihnen sogar den Gipfel Chimborazo bestiegen.

---

[13] Vgl. Friedhelm Marx "Ins Fremde-Gegenwartsliteratur auf den Spuren historischer und fantastischer Entdeckungsreisen", S. 113.
[14] Vgl. Friedhelm Marx "Ins Fremde-Gegenwartsliteratur auf den Spuren historischer und fantastischer Entdeckungsreisen", S. 104, Zitat nach: Markus Gasser hat darauf hingewiesen, dass im Grunde alle Gestalten Daniel Kehlmanns auf ihre Weise das Weite suchen, „das Licht und die Leihtigkeit, eine fünfte Himmelsrichtung, ihr Ultima Thule"(...) Daniel Kehlmann S. 12-29, hier S. 13. Das gilt jedenfalls auch für Kehlmanns jüngsten Roman „Ruhm" von 2009, in dem etwa eine Schriftstellerin hoffnungslos in der Fremde Asiens verschwindet.
[15] Vgl. Friedhelm Marx "Ins Fremde-Gegenwartsliteratur auf den Spuren historischer und fantastischer Entdeckungsreisen", S. 104-105

Montùfars Beitrag an der Expedition wurde von Humboldt ausführlich in seinem Bericht gewürdigt. Kehlmann schreibt dazu: „Als ich begann, meinen Roman über Gauß, Humboldt und die quantifizierende Erfassung der Welt zu schreiben (...) wurde mir schnell klar, dass ich erfinden musste. (...) Besonders die Darstellung der zweiten Hauptfigur, des wunderlichen Barons Alexander von Humboldt, jener Kreuzung aus Don Quixote und Hindenburg, verlangte noch Übersteigerung, Verknappung und Zuspitzung. Hatte er in Wirklichkeit eine eher undramatische Rundreise von über sechs Jahren Dauer gemacht, so musste ich, um davon erzählen zu können, nicht nur sehr viel weglasssen, sondern Verbindungen schaffen und aus isolierten Begebenheiten zusammenhängende Geschichten bauen./So verwandelte ich den Assistenten des Barons, den treuen und vermutlich eher unscheinbaren Botaniker Aime Bonpland in seinen aufmüpfigen Widerpart. In Wirklichkeit war Humboldt meist inmitten einer sich ständig verändernden Gruppe gereist(...) Also musste ich auf Carlos Montùfar verzichten (...)."[16]

Kehlmann selbst spricht von einem „Gegenwartsroman, der in der Vergangenheit spielt", der so klingen sollte, "wie ein seriöser Historiker schreiben würde, wenn er plötzlich verrückt geworden wäre"[17].

3. Personenkonstellation , Charakteristiken und historischer Vergleich der Hauptfiguren

3.1 Charakterisierung und historischer Vergleich Alexanders von Humboldt

Friedrich Wilhelm Heinrich Alexander von Humboldt (14. September 1769 in Berlin geboren, 6. Mai 1859 gestorben) ist sowohl in der Geschichte als auch im Daniel Kehlmanns Roman ein deutscher Naturforscher mit einem weltweiten Wirkungsfeld und in beiden Fällen unternahm er zwei Weltreisen. Von 1799 bis 1804 reist er durch die spanischen Kolonien in Amerika und im Jahr 1829 durch das russische Asien bis an die chinesische Grenze[18]. Sein älterer Bruder heißt Wilhelm von Humboldt. Gemäß Kehlmann ist Alexander -im Gegesatz zu Wilhelm- als Kind eher schwächlich und wortkarg. Beide Brüder sind von Privatlehrern unterrichtet, wobei Alexanders Noten mittelmäßiger sind (vgl. S. 20). Erst seine Todeserfahrung nach dem Unfall auf dem gefrorenen See verändert ihn grundlegend. Beide Brüder besuchen schon früh den Salon von Henriette Herz, wo sie sich mit anderen gebildeten Leuten treffen, über Gott und ihre Gefühle sprechen und einander Briefe schreiben. Kunth als Haushofmeister für die Ausbildung der Brüder verantwortlich, begründet die Notwendigkeit, in Henriettes Salon zu verkehren, damit, dass diese Zusammenkünfte ihrer „Herzensbildung" dienen sollen. Dieses Geschehen ist auch historische beweisbar[19].

Mit der Zeit entwickelt Alexander eine Zielstrebigkeit, die seinem beruflichen Fortgang sehr hilfreich ist. Als er eines Tages beim Botaniker Wildenow zum ersten Mal getrocknete Tropenpflazen untersucht, teilt er Kunth mit, dass er nun wisse, womit er sich befassen wolle: „Mit dem Leben" (S.26). Nach Abschluss seines Studiums erwibt Alexander zunächst dem Amtstitel eines Assessors beim Berg- und Hüttendepartment, bevor er nur wenige Monate später Bergwerksinspektor wird. Humboldt trägt von nun an die Uniform , und legt sie aus Gründen der Selbstdisziplin nicht mehr ab (vgl. S. 30 f.). Schon seine ersten Experimente zeigen, dass er Schmerzen nicht nur ignoriert, sondern fast schon masochistisch genießt (vgl. S.31ff.).

Für Frauen interessiert sich Alexander nicht. Als er Bonpland in Spanien mit einer Frau erwischt, erklärt er-dem Denken der Aufklärung verpflichtet- seinem Reisebegleiter empört , dass der Mensch doch kein Tier

---

[16] Daniel Kehlmann, „Wo ist Carlos Montùfar ?", S. 14-16.
[17] Zitiert nach: Nickel (Hrsg.) : Daniel Kehlmanns „Die Vermessung der Welt", S. 32 f. „Ich wollte schreiben wie ein verrückts gewordener Historiker". In „Frankfurter Allgemeine Zeitung" vom 9. Februar 2006.
[18] Zitiert nacch Oliver Lubrich "Von Amerika nach Asien"- Zehn thesen über die „andere Reise" des alexanders von Humboldt. S. 111.

[19] Zitiert nach: http://www.britannica.com/EBchecked/topic/276083/Alexander-von-Humboldt:"They were privately educated; instruction in political history and economics was added to the usual courses in classics, languages, and mathematics, as their mother intended them to be qualified for high public positions."

sei (vgl. S. 48). Seine sexuellen Neigungen- seine nicht ausgelebte Homosexualität- gibt er erst im Alter gegenüber seinem älteren Bruder zu, als er auf die Frage Wilhelms, ob es denn immer noch die Knaben seien, mit der Rückfrage "Das hast Du gewusst?" antwortet (vgl. S.264). Er gesteht, sich mit der Unterdrückung seiner Neigungen entsetzliche Gewalt anzutun. Dieses Ereingis gilt auch gemäß der Geschichte[20].

Nach dem Tod seiner Mutter verwirklicht er umgehend seinen Traum, als Forsher und Entdecker Südamerika zu bereisen. Er ist noch nie so glücklich gewesen, da er in die Neue Welt reisen möchte und sich mit dem Erbe seine erforderlichen Messinstrumente kaufen kann (vgl. S. 36). Schon beim Ausprobieren seiner Instrumente und beim Vermessen jeden Salzburger Hügels zeigt sich, dass er „trunken vor Enthusiasmus" ist, wenn es um die Genauigkeit von Messungen geht (vgl. s. 38 f.). Mit seinem Reisebegleiter und Botaniker Aime Bonland macht er sich schließlich auf den Weg nach Spanien, wobei er bereits auf dem Weg dorthin jeden Hügel vermisst und jeden Berg erklimmt (vgl. S. 41).

Humboldt nimmt wenig Rücksicht auf seine Gesundheit und er nimmt auch auf die Bräuche der einheimischen Urwaldstämme. Da er nur sein idealistisches Wertesystem gelten lässt, macht er selbst davor nicht halt, Indianerleichen zu wissenschaftlichen Zwecken mitzunehmen. Seinen Begleiter provoziert Humboldt zunehmend mit seiner Humorlosigkeit (vgl. S. 111, 134).

Im Alter und um viele Erlebnisse und Erfahrungen reifer, setzt er sich schließlich auch mit dem Tod auseinander. „Die Zeit, in der ein Mensch noch da ist und zugleich nicht mehr und in der er, ist auch seine Größe lange dahin, noch vorgeben kann, es gäbe ihn" (S. 263). Vorbei ist die Zeit, als er junger Mann auf Teneriffa in den Gärten von Orotava von dem uralten Drachenbaum fasziniert war, weil der Baum die Zeit abzuwehren schien (vgl. 47).

Seine letzte Expedition führt schließlich nach Russland, wo Alexander jedoch einer vorher vom Zaren bewilligten Route zu folgen hat und zudem noch bewacht wird. Die Reise besteht hauptsächlich aus Empfängen, da er sich nicht frei zu Forschungszwecken bewegen und auch nicht improvisieren kann, wie dies ein Forscher eigentlich tun müsste (vgl. S. 271).

Resultat dieser Expedition von der historischen Person Alexander von Humboldt ist die Entstehung eines gigantischen Werks von 36 Bänden. „In der Frage, wie man die Reise schriftlich beschreiben kann, antwortet der historische Alexander von Humboldt: indem man *nicht* ihren Verlauf nacherzählt, indem man *so wenig wie möglich* von sich selbst, von den zufälligen Erlebnissen und eigenen Eindrücken spricht. Bis es fertig ist, vergehen 30 Jahre."[21] Humboldt wird zum Schöpfer völlig neuer Wissenschaftszweige, etwa der Pflanzengeographie als einer Grundlage der Agrarwissenschaften, der Klimatologie, der Lehre vom Vulkanismus und Erdmagnetismus, die auch in Kehlmanns Roman erwähnt werden. Er zeichnet die ersten Isothermen und den ersten Meridianschnitt durch die Atmosphäre. Er zeigt, wie Wetter und Flächengestalt, Pflanzen- und Tierwelt zusammenhängen, wie Störungen im Haushalt der Natur zu deren Schädigung führen – und wird damit zum Wegbereiter für die moderne Landschaftsökologie.

3.2 Charakterisierung und historischer Vergleich von Carl Friedrich Gauß

Johann Carl Friedrich Gauß (30. April 1777 in Braunschweig geboren, 23. Februar 1855 in Göttingen gestorben) gilt sowohl in der Historie als auch im Daniel Kehlmanns Buch als ein deutscher Mathematiker, Astronom und Physiker.

Er ist Einzelkind und stammt aus ärmlichen Verhältnissen. In beiden Fällen ist seine Mutter Hausfrau und sein Vater Gärtner (vgl. S.53). Gegenüber seiner Mutter empfindet er zeitlebens eine starke Zuneigung. „Er war gefallen, sie tröstete ihn; er weinte, sie wischte die Tränen weg; er konnte nicht schlafen, sie sang ihm vor " (S. 53). Gegenüber seinem Vater entwickelt er dagegen keine enge emotionale Bindung und bekommt von ihm nur einen einzigen Ratschlag mit auf seinen Lebensweg (vgl. S. 53f.). Gauß weiß sich seinem Vater

---

[20] Alfred Dove: *Humboldt, Alexander von*. In: *Allgemeine Deutsche Biographie* (ADB). Band 13, Duncker & Humblot, Leipzig 1881, S. 358–383.
[21] Oliver Ulbrich „Von Amerika nach Asien"- Zehn Thesen über die „andere" Reise des Alexander von Humbodt, S. 129.

von früher Kindheit an intellektuell überlegen und korrigiert ihn beim Abzählen des Lohnes. Später stimmt sein Vater nur „unwillig" zu, seinen Sohn auf anraten seines Lehrers aufs Gymnasium zu schicken und nicht in einer Spinnerei arbeiten zu lassen (vgl. S. 59).

Als achtzehnjähriger Student findet die historische Figur von Carl Friedrich Gauß die später nach ihm benannte statistische Normalverteilung (Gaußsche Normalverteilung, Glockenkurve), und mit seiner Dissertation führte er 1799 die komplexen Zahlen ein. In 1801 – also mit vierundzwanzig Jahren – veröffentlichte Carl Friedrich Gauß das grundlegende Werk der modernen Zahlentheorie „Disquisitiones arithmeticae", und avancierte damit sogleich zu einem der bedeutendsten Mathematiker seiner Zeit[22]. All diese Ereignisse sind im Roman Kehlmanns literarisch und verstreut erzählt.

Nach seinem Studium der Mathematik und seiner Promotion wird Gauß schließlich vorübergehend Landvermesser, um sich seinen Lebensunterhalt zu verdienen und die Arbeit an seinem Lebenswerk, der „Disquisitiones Arithmeticae" zum Schluss zu bringen.

Als Landvermesser auf freiem Feld lernt er seine spätere Frau Johanna (in Wirklichkeit Johanna Elisabeth Rosina Osthoff 1780 – 1809) kennen: „Es schien, als wäre sie schon immer in seiner Nähe und nur durch Tarnung oder eine Schwäche seiner Aufmerksamkeit vor ihm verborgen gewesen."(S. 90). Dass was Gauß bei Begegnungen mit anderen Personen missfällt, ist, sie langsamer denken als er und sich unsäglich viel Zeit für eine Antwort nehmen (vgl. S. 53). Johanna hingegen antwortet oft schon, bevor er zu Ende gesprochen hat (S. 91). Sie lehnt Gauß' Heiratsantrag ab und Gauß´ Furcht vor einer zweiten Enttäuschung ist groß, da sie seinen ersten Heiratsantrag noch mit der Begründung abgelehnt hat, dass „dass man in seiner Nähe zur Blässe und Halbwirklichkeit eines Gespensterdaseins verurteilt sei" (S.93).

Im Gegenasatz zu Humboldt, der seine homosexuellen Neigungen unterdrückt, ist Gauß ein regelmäßiger Bordellgänger. Dabei fühlt er sich besonders zu Nina, einer Prostituierten aus Sibirien, hingezogen (vgl. S. 86). Selbst zwei Tage vor seiner Hochzeit reist er nach Göttingen, um Nina "ein letztes Mal" zu besuchen (S. 147). Später zieht er mit Johanna nach Göttingen und dort leitet er ein Observatorium. Damit ergibt sich für Gauß die Gelegenheit, sich fortan der besseren Bezahlung wegen der Astronomie zu widmen. Der Ehe entstammten ein Sohn und eine Tochter (Joseph, 1806 – 1873; Wilhelmine, 1808 – 1840). Die Beziehung mit Nina endet und sie hat jetzt die „Vertrautheit einer Ehefrau" (S.155). Nina ist historisch nicht erwähnt. Bei der Geburt seines dritten Kindes verstirbt seine Frau Johanna in seinem Dasein im Kindbett. Gauß ist sich bewusst, dass er erneut heiraten muss, denn er hat Kinder und weiß nicht, wie man sie aufzieht. Dienstboten kann er nicht leisten (S. 161). So heiratet er schließlich Johannas Freundin Minna, die ihm in seiner Situation al seine vernünftige Alternative zu Johanna erscheint. Gemäß der Geschichte gelten diese Ereignisse. Weniger als ein Jahr später – am 4. August 1810 – heiratete der Witwer Friederica Wilhelmine [„Minna"] Waldeck 1788 – 1831). Nach Minnas historischen Tod am 12. September 1831 musste Therese, die jüngste der Töchter, ihrem Vater den Haushalt führen. Kehlmann beschreibt,dass die Nähe von Minna ihn nervös und unglücklich macht. Schon ihr Anblick lässt bei ihm Todeswünsche wachwerden (S. 193).

Bei seiner Arbeit als Landvermesser Jahre später wird er von Eugen, seinem Sohn aus der Ehe mit Minna, unterstützt. Im Gespräch mit Humboldt in dessen Haus in Berlin 1828 bezeichnet er Eugen gar als schlechten Wissenschaftler und noch schlechteren Literaten (S.222). Gauß, der politisch desinteressiert ist, hält nichts von den freiheitlichen Idealen seines Sohnes und zeigt auch kaum Aktivität, seinen Sohn zu befreien, als dieser in Berlin bei einer politischen Versammlung von Studenten verhaftet wird. Erst später im Alter zeigt Gauß sich seinem Sohn gegenüber milder eingestellt und besinnt sich darauf, dass Eugen ihm fehlt. Als Eugen seinem Vater weinend gegenüber gesteht, dass er eigentlich gar nicht weg wolle, antwortet Gauß schließlich: „Geschehen sei geschehen" (S. 296). Die Beziehung zwischen Gauß und Eugen ist nicht beweisbar und gehört zu Kehlmanns Fantasie.

---

[22] Vgl. http://www.britannica.com/EBchecked/topic/227204/Carl-Friedrich-Gauss

4. Eine indirekte Kolonialisierung?

4.1 Warum Vermessen Alexander von Humboldt und Carl Friedrich Gauß?

Für Gauß hat die Vermessung der Erde die Rolle der Deckung seiner Lebenskosten. (vgl. S. 88f. und 181ff.). Humboldt dagegen, lebt für die Vermessung der Welt. Diesen Unterschied versteht man, wenn man sieht, wie beide ans Vermessen kommen.

Bei Humboldt ausschlaggender Grund war der Lehrer Kunth, der sein Bildungsherzog war und Marus Herz, der Physik und Philosophie unterrichtete. „Wann immer einen die Dinge erschreckten, sei eine eine gute Idee ‚sie zu messen." (22/27-29). So bildet sich beim jüngeren Alexander stets ein Hochgefühl aus, wenn etwas gemessen wird.

Das Motiv des Messens und Vermessens ist für Humboldt ausschlaggebend. Er fragt den Kapitän eines Schiffes, wie man überhaupt leben könne, „wenn einem Genauigkeit nichts bedeute" (45/15-17). Dem Kapitän dagegen genügt es, das Schiff über den Ozean irgendwann ans Ziel zu bringen (vgl. 45/12-14). Als er ebenso wie Bonpland vom Fieber befallen wird, gibt er sich ans exakte Messen von Luftdruck, Temperatur und Tiefe. „Die Arbeit helfe nämlich. Zahlen benannten Unordnung. Selbst die des Fiebers." (50/3-5). Er hat sich entschlossen zu ignorieren, dass er seekrank ist, also bemerkt er es auch nicht (vgl. 50/6 ff.)

Völlig überspitzt ist die Idee des Messens bereits ‚als Humboldt mit Bonpland nach Spanien reist und Humboldt alles misst, was sich dagegen nicht wehren kann. Er begründet das damit, dass die Karten von Spanien nicht exakt seien und man nicht wisse, wohin man reise. Bonpland bemerkt dazu, die Strasse führe nach Madrid, mehr brauche man nicht zu wissen. „Um die Strasse geht es nicht, antwortete Humboldt. Es gehe ums Prinzip." (42/19 f.)

Bei Gauß geht es zu Hause viel pragmatischer zu. Sein Vater ist Gärtner, isst abends müde seine Kartoffelsuppe und versteht einen Deutschen als jemanden, der nie krumm sitzt (vgl. 53 f.) Gauß bringt sich selber das Lesen bei (vgl. 54/28ff.) und wird in der Schule geprügelt (vgl. 55/17ff .). Andere fördern ihn und er bekommt zum Studieren ein Stipendium seines Herzogs. Nach seiner Promotion bekommt er nichts mehr. So regt Professor Zimmermann an, er solle als Landvermesser arbeiten (88/26 ff.), was er dann auch tut. Er erleidet ein paar Unfälle bei dieser Arbeit. Als ihn ein Schäferhund anfällt und beißt, beschließt er, „mit dieser Arbeit aufzuhören. Für solche Gefahren war er nicht geschaffen." (90/14f.) Er ist also als Mensch das genaue Gegenteil Humboldts, der mittels des Messens die großen Schrecken der Welt bannen will, und er lebt auch davon. Später arbeitet er dann doch wieder als Vermesser des Königreichs Hannover (vgl. 181 ff.)

Während seiner Arbeit als Landvermesser hat er auch einen Bericht über Humboldts Aufenthalt in Amerika und dessen abenteuerlichen Erlebnisse dort gelesen. „Dieser Mann, sagte er, beeindruckend! Aber unsinnig auch, als wäre die Wahrheit irgendwo und nicht hier. Oder als könnte man vor sich davonlaufen." (87/22-24).

4.2 Sinn der Kolonialisierung – Geht es um eine indirekte Kolonialisierung?

Der Charakter der Fragen, welchen Sinn die Reisen und Aktionen von Alexander von Humboldt haben, und ob er eine indirekte Kolonialisierung geschaffen hat, ist schwerwiegend ausschlaggebend. Um der Struktur und der Klarheit, spreche ich zuerst über Alexander von Humboldt Kehlmanns, und dann über die reale, historische Figur.

Im Roman Kehlmanns „Die Vermessung der Welt" äußert sich Humboldt über den Sinn des Vermessens vertretender die Fortschrittsgläubigkeit. Auf der Fahrt nach Washington diktiert er einem Reporter, was die exakte Vermessung Neuspaniens bedeute: Besiedlung der Kolonie, Unterwerfung der Natur, Aufschwung für das ganze Land (vgl. 196/16 ff.). Bei seinem Vortrag in Berlin klingt es ähnlich: Der Kosmos wird begriffen sein, Angst und Krieg überwunden werden, ein Zeitalter allgemeiner Wohlfahrt werde kommen. (vgl. 238/16ff.) Er meine also, dass das Wissen (‚das Konsequenz des Vermessens sei) nur Vorteile für das Land mit sich bringen kann.

Eine Romanepisode bezieht sich auf Humboldts Bericht über seine Besichtigung der Grabhöhle von Ataruipe. „Dann balancierten sie über den Grat zum Nebengipfel und dem Eingang der Höhle. Es müsste Hunderte Leichen sein, jede in ihrem eigenen Korb aus Palmblättern, die Knochenhände um die Knie gelegt, den Kopf auf den Brustkorb gedrückt. (...) Humboldt zerrte mehrere Leichen aus ihren Körben, löste Schädel von Wirbelsäeulen, brach Zähne aus Kinnladen und Ringe von Finger. Eine Kinderleiche und zwei Erwachsene wickelte er in Tücher und schmürte sie so fett zusammen, dass man Bündel zu zweit tragen konnte. " (S. 120)[23]

Humboldt zeigt Respektlosigkeit gegenüber Totenruhe und Bräuchen der Indianer. Er versteht dessen Empörug nicht, denn „diese Toten seien so alt, dass man sie eigentlich nicht mehr Leichen nennen könnte. Die ganze Welt bestehe schließlich aus töten Körpern! Jede Handvoll Erde sei einmal ein Mensch gewesen und vorher ein anderer Mensch (...) Was hätten sie nun alle, wo sei das Problem?" (S. 123)

Ebenfalls, ordnet er beim Anblick der Ruinen von Teotihuacan die Verbindung der Zivilisation und Grausamkeit nicht der eigenen, sondern der fremden Welt zu: „So viel Zivilisation und so viel Grausamkeit, sagte Humboldt. Was für eine Paarung ! Gleichsam der Gegensatz zu allem, für Deutschland stehe." (S. 208)

In Kehlmanns Buch wird die Chaymas-Mission und die Natur dort beschrieben. „Der Boden schien nicht genug Platz zu haben für so viel Bewuchs: Bauchstämme preßten sich aneinander, Pflanzen überdeckten andere Pflanzen, Lianen strichen über ihre Schultern und Köpfe. (...) Niemand reise um die halbe Welt um Land zu vermessen, dass ihm nicht gehöre."(S. 71). Hier könnte man sagen, dass Humboldt einen geheimen Grund ihrer Reise darstellt, und zwar er fühlt sich, dass die Natur, in der sich befindet seiner ist.

Der Vermesser Alexander von Humboldt beschreibt noch die Indianer und die Art und Weise, mit der er das Bild von Menschen darstellt, gibt den Eindruck, dass er mit seinem Reisebegleiter alles vermessen möchte, um die Herrschaft zu bekommen. „Häufig kamen Frauen zu Besuch: Humboldt zählte die Läuse in ihren geflochteten Haaren. Sie kamen in Gruppen, flüsterten miteinander und kicherten über den kleinen Mann in seiner Uniform mit der im linken Auge festgeklemmten Lupe. Bonpland litt unter ihrer Schönheit. Er fragte, wozu eine Statistik über Läuse gut sei." (S. 70)

Kehlmanns Humboldt vertritt auch interessanterweise folgende Ansicht: „Die zweitgrößte Beleidigung des Menschen sei die Sklaverei (...)" (S. 238). Dieses Zitat wird klarer gegründet, wenn der reale Humboldt den fiktiven ergänzt.

Die historische Figur Alexanders von Humboldt unternahm zwei Weltreisen (siehe 3.1). Nach Oliver Lubrich in seinem Buch „Von Amerika nach Asien" war der Unterschied zwischen beiden Reisen, ein politischer (vgl. S. 112). „Die asiatische Expedition ist in mehr als einer Hinsicht die andere Reise des Alexanders von Humboldt. Sie zeigt nicht den vielgefeierten vorbildlichen Freidenker und idealistischen Humanisten, sondern einen weniger bekannten und durchaus problematischen Humboldt. Seine Problematik lässt sich anhand zahlreicher Zeugnisse rekonstuieren, vor allem am wichtigsten Ergebnis des Unternehmens, der dreibändigen Asie centrale. Welchen Preis hat Humboldt bezahlt, um Russland zu bereisen?" (S. 112). Humboldt hat ein unfreies Land bereist und ist dürfte nicht die „Menschen-Einrichtungen" beschreiben, sondern nur „die tote Natur". Aus diesem Grund, wurde er ein politischer Schriftsteller, der gemäß Lubrich „verschlüsselte Botschaften" in „Asie Centrale" eingelagert hat, und zwar kritisiert er in seinem Werk die „Freiheit", die die Zaren ihm gegeben haben und schreibt: „Sie wünschten, es möge alles, was materielle und örtliche Interesse beträfe, in meinen Forschungen lediglich eine Nebenrolle spielen." Durch diesen Weg, gibt also Humboldt Geologie eine politische Metaphorik (vgl. S. 116).

Meines Erachtens, ist das ein Beweis dafür, dass Humboldt keine reine Interesse für die Natur und die Vermessung der Welt hat, sondern er versucht auch enge Kontakt mit den Einheimischen haben um die Welt zu verstehen und die Welt mehr eigen zu fühlen, was zu einer indirekten Kolonialisierung führen konnte, da er nicht nur alles kartografiert.

---

[23] Vgl. Friedhelm Marx „Ins Fremde schreiben-Gegenwartsliteratur auf den Spuren historischer und fantastischer Entdeckungsreisen" S. 113.

Nach Oliver Lubrich, führte auch die Reise Humboldts „in den Spannungsraum dreier Imperialismen; den russischen, des britischen und des chinesichen" (S.117). Ihre Voreltern waren die Großreiche der Makedonier, Byzantiner, Araber und Mongolen. An denen entwickelt Alexander den Gedankden des Zusammenhangs von Entdeckung und Eroberung mit seiner Aktionen (vgl. S. 117).

Das verbindete Denken von Humboldt hat die Perfektion gelangt. „Zentral Asien führt zahlreiche Wissensformen zu einer multi-disziplinären Raumkonzeption zusammen: Geologie, Mineralogie, Geographie, Kartografie, Klimatologie, Zoologie, Paläntologie, Botanik, Pflanzengeographie (...) und Volkswirtschaft" (S. 120). Alexanders Weltsicht war also doppelte: „lokal möglichst präzise erfassend und global möglichst erkenntnisreich vergleichend" (S.121). Das heißt, dass Humboldt alles unter Kontrolle hatte und die ganze Herrschaft durch Wissen besitzte.

Auf der anderen Seite, zitiert Lubrich: „(...) Alexander von Humboldt hat seine Expedition nicht linear erzählt. Er hat Zentral-Asien nicht zentral-perspektivisch erfasst. Sein Werk ist alles andere als ego- oder euro-zentrisch. Es ist das Gegenteil eines herrscherlichen Diskurses."[24]

5. Schluss

Zum Schluss, wenn man beide Ansichten unter Rücksicht nimmt, kommt man nicht direkt zu dem Ergebnis, dass die Vermessungen Alexanders von Humboldt einen reinen Herrschaftszeil mit sich bringen.

Trotz allem, kann niemand der anderen Meinung sein, wenn man denkt, dass die indirekte Herrschaft, auch eine subtile Form der Herrschaft ist. Macht in einem Ort zu haben, bedeutet, aber schon von der Beginn der Existenz von Menschen Besitz, und der Besitz ist ein der schwewiegendesten Elementen der Kolonialisierung.

Sowohl Humboldt Kehlmanns als auch der reale Alexander von Humboldt haben mehr oder wenig die Herrschaft der Welt durch das Vermessen bekommen. Humboldt vermesst um Wissen zu bekommen, Wissen bedeutete aber auch für ihn Macht.

Zusätzlich, darf man nicht vergessen, dass Daniel Kehlmann, der auf historisch grundlegende Ereignisse basiert hat, präsentiert indirekt Humbooldts Figur als eine, die durch Vermessen eine inidirekte Kolonialisierung führt.

Aus diesem Grund und aus den oben genannten Gründen komme ich schließlich zu dem Ergebnis, dass Humboldt eine reine indirekte Kolonialisierung mit Konsequenzen für die ganze Welt erreichts hat.

---

[24] Zitiert nach Lubrich: Zur Dekonstruktion des Reiseberichts in Amerika-Werk vgl. Oliver Lubrich: Alexander von Humboldt: Revolutionizing Travel Literatur. In Monatshefte 96:3 (2004), S. 360-387. Zu Alexander von Humboldt als Schriftsteller und zu seiner Wissenschaftskonzeption vgl. Robert van Dusen: The Literary Ambitions and Achievements of Alexander von Humboldt. Bern/Frankfurt: Peter Lang 1971; Susan Faye Cannon: Humboldtian Science. In: Science in Culture. The Early Victorian Period, Kent/ New York: Dawson/Science History Publications 1978, S. 73-110; Ottmar Ette: Weltbewußtsein. Alexander von Humboldt und das unvollendete Projekt einer anderen Moderne.

6. Literatur

Primärliteratur

„Die Vermessung der Welt" Daniel Kehlmann, Rowohlt Taschenbuch Verlag

Sekundärliteratur

„Ins Fremde schreiben-Gegenwartsliteratur auf den Spuren historischer und fantastischer Entdeckungsreisen" Friedhelm Marx, S. 106-115.

„Von Amerika nach Asien" Oliver Lubrich, S. 111-132.

Nickel (Hrsg.): Daniel Kehlmanns „Die Vermessung der Welt".

Zeyringer, Klaus: Vermessen. Zur deutschsprachigen Rezeption der „Vermessung der Welt"

Wolfgang Pütz: *„Die Vermessung der Welt" – Ein „Geniestreich" der Gegenwartsliteratur als Unterrichtsgegenstand*. In: *Deutschmagazin*. Nr. 1, Oldenbourg, München 2008, ISSN 1613-0693, S. 53–58.

Alfred Dove: *Humboldt, Alexander von*. In: *Allgemeine Deutsche Biographie* (ADB). Band 13, Duncker & Humblot, Leipzig 1881, S. 358–383.

Internetquellen

http://www.news.de/medien/855065828/der-starautor-packts-aus/1/ [Stand: 12.6.2012]

http://www.welt.de/kultur/article95666/Daniel-Kehlmann-ausgezeichnet.html

http://www.welt.de/kultur/article1236923/WELT-Literaturpreis-geht-an-Daniel-Kehlmann.html

http://www.stadtbibliothek-springe.de/2008/10/19/daniel-kehlmann-mit-thomas-mann-preis-geehrt/

http://www.kulturkreis.eu/index.php?option=com_content&task=view&id=324&Itemid=271

http://www.britannica.com/EBchecked/topic/227204/Carl-Friedrich-Gauss

http://www.britannica.com/EBchecked/topic/276083/Alexander-von-Humboldt

BEI GRIN MACHT SICH IHR WISSEN BEZAHLT

- Wir veröffentlichen Ihre Hausarbeit,
  Bachelor- und Masterarbeit

- Ihr eigenes eBook und Buch -
  weltweit in allen wichtigen Shops

- Verdienen Sie an jedem Verkauf

Jetzt bei www.GRIN.com hochladen und kostenlos publizieren